Hasselfelde

678 Wernigerode - Drei Annen Hohne - Eisfelder Talmühle - Nordhausen Nord

Schierke

und zurück

(Schmalspurbahn)

	Magdeburg Hbf 700	ab	...	■4.03	◪4 03	■4.21	...	6.28	...	7.55	**9.20**	10.52	**12.26**		⚒13.59	...
	Halberstadt 675	ab	...	5.49	5.49	6.46	...	8.28	...	◪9.10	**10.36**	13.16	**13.36**		15.48	...
	Wernigerode 675	an	...	6.28	6.28	7 24	...	8.57	...	◪9.36	**11.11**	13.47	**14.06**		16.21	...
km	Rbd Magdeburg	Zug Nr			14401	14431		14403	14405	14445	14407	14433	14447		14409	
												🎄1)	🎄			
0,0	**Wernigerode** ✕ (234 m) 675	ab	...	...	6.35	8.00	...	■ 9.02	◪ 9.42	10.45	11.56	■14.35	◪14.35	■16.58	◪17.10	...
1,0	Wernigerode Westerntor (238 m)	↓	...	...	6.40	8.05	...	9.07	9.47	10.54	12.10	14.40	14.40	17.03	17.15	...
2,5	Wernigerode Kirchstraße (256 m) (u)	↓	...	...	6.45	8.10	...	9.12	9.52	11.00	12.15	14.45	14.45	17.08	17.20	...
4,3	Wernigerode-Hasserode (280 m)	↓	...	...	6.50	8.16	...	9.18	9.58	11.05	12.21	14.50	14.50	17.14	17.26	...
5,9	Steinerne Renne (311 m)	↓	...	...	x6.58	8.23	...	9.26	10.06	11.12	12.29	14.58	14.58	17.22	17.40	...
14,1	**Drei Annen Hohne** ✕ (540 m)	an	...	...	7.19	8.44	...	9.47	10.27	11.33	12.50	■15.19	◪15.19	17.43	18.01	...
14,1	**Drei Annen Hohne** ✕ (540 m)	ab	...	...	↓	8.51	...	↓	↓	↓	...	■15.26	↓	↓	↓	
19,5	**Schierke** (685 m)	an	...	...		9.07	...				...	■15.42				
14,1	**Drei Annen Hohne** ✕ (540 m)	ab	...	...	7.26	...	...	9.54	10.34	11 48	12.57	...	◪15.26	17.50	18.18	...
18,9	Elend (509 m)	↓	...	...	7.37	...	...	10.05	10.45	12.00	13.08	...	15.38	18.06	18.29	...
27,1	Sorge (486 m)	↓	...	...	7.55	...	...	10.23	11.03	12.18	13.25	...	15.56	18.24	18.47	...
30,7	**Benneckenstein** (530 m)	an	...	...	8.04	...	...	10.33	11.13	12.26	13.36	...	◪16.05	■18.33	◪18.56	...
		ab	...	...	8.05	...	...	10.40	11.20	...	13.36	...	...	...	18.57	...
41,0	Tiefenbachmühle (411 m) (u) x	↓	...	...	8.29	...	...	11.04	11.44	...	14.00	...	...	...	19.21	...
43,2	**Eisfelder Talmühle** (352 m)	an	...	...	8.35	...	...	11.11	11.51	...	14.07	...	...	...	19.27	...
		Zug Nr	14411	14441		14461				14443			14415			14417
						❶				🎄2						
0,0	**Hasselfelde** (452 m) S. a. 674	ab	4.36	...	⌇	...	...	⌇	⌇	...	⌇	...	15.39	...	⌇	18.31
4,6	Stiege (485 m)	↓	4.53	...		8.08	...			...		...	15.56	...		18.47
7,6	Birkenmoor (520 m) X (u)	↓	5.03	...		8.17	...			...		...	16.06	...		18.58
13,5	**Eisfelder Talmühle** (352 m)	an	5.17	...	↓	8.33	...	↓	↓	...	↓	...	16.24	...	↓	19.14
43,2	**Eisfelder Talmühle** (352 m)	ab	5.20	...	8.35	↵	...	11.16	11.53	14.52	14.07	...	16.25	..	19.28	...
46,5	Netzkater (309 m)	↓	5.28	...	8.43	...	...	11.24	12.01	15.00	14.15	...	16.33	..	19.36	...
49,8	Ilfeld (254 m)	↓	5.37	⚒5.47	8.50	...	...	11.32	12.09	15.08	14.23	...	16.47	..	19.44	...
53,5	Niedersachswerfen Ost (213 m)	↓	5.46	5.57	8.58	...	...	11.40	12.26	15.17	14.32	...	17.00	..	19.53	...
56,0	Nordhausen-Krimderode (198 m)	↓	5.54	6.00	9.06	...	...	11.44	12.34	15.25	15.40	...	17.09	..	20.01	...
58,3	Nordhausen-Altentor (189 m)	↓	6.00	6.13	9.12	...	...	11.55	12.41	15.32	15.47	...	17.15	..	20.08	...
60,5	**Nordhausen** Nord ✕ 640, 660, 663	an	6.06	⚒6.18	9.17	...	...	■12.01	◪12.47	15.38	15.53	...	17.21	...	20.14	...

km	Rbd Magdeburg	Zug Nr	14440	14402	14412	14462	14414	14404	14442				14408	14410		14416	
						❸			🎄2								
0,0	**Nordhausen** Nord ✕ (184 m) 660	ab	⚒5.04	6.38	a7.38	...	10.28	12.04	13.44	...	...	...	16.08	16.38	...	18.38	...
2,2	Nordhausen-Altentor (189 m)	↓	5.10	6.44	7.44	...	10.34	12.12	13.50	...	...	...	16.14	16.44	...	18.44	...
4,7	Nordhausen-Krimderode (198 m)	↓	5.16	6.50	7.50	...	10.40	12.16	13.56	...	...	...	16.20	16.50	...	18.50	...
7,0	Niedersachswerfen Ost (213 m)	↓	5.24	6.59	7.59	..	10.49	12.25	14.05	...	...	...	16.29	16.59	...	18.59	...
10,7	Ilfeld (254 m)	↓	⚒5.33	7.08	8.08	...	10.58	12.34	14.24	...	...	...	16.42	17.08	...	19.08	...
14,0	Netzkater (309 m)	↓	an	7.16	8.16	...	11.06	12.42	14.32	...	...	...	16.50	17.16	...	19.16	...
17,3	**Eisfelder Talmühle** ✕ (352 m)	an		7.23	a8.23	...	11.14	12.49	14.39	...	...	...	16.57	17.23	...	19.23	...
17,3	**Eisfelder Talmühle** (352 m)	ab	...	⌇	...	9.04	11.21	⌇	...	...	...	...	⌇	17.30	...	19.32	...
23,2	Birkenmoor (520 m) X (u)	↓	...		...	9.23	11.40		...	...	...	...		17.49	...	19.49	...
26,2	Stiege (485 m) S. a. 674	↓	...		...	9.32	b12.07		...	...	...	...		18.59	...	19.59	...
30,8	**Hasselfelde** (452 m)	an	...	↓	...	an	12.23	↓	...	...	...	...	↓	18.16	...	20.16	...
		Zug Nr	14430		14432	14434	14446			14438	14448				14417		
			...														
17,3	**Eisfelder Talmühle** (352 m)	ab	...	7.30	...	...	...	12.56	...	🎄1)	🎄	...	17.04	...	19.30	...	...
19,5	Tiefenbachmühle (411 m) x (u)	↓	...	7.38	...	...	...	13.02	...	...	...	...	17.10	...	19.37	...	...
29.8	**Benneckenstein** (530 m)	an	...	8.00	...	...	...	13.26	...	...	...	...	17.34	...	20.00	...	...
		ab	4.58	8.09	...	...	12.37	13.37	...	...	◪16.37	...	17.37	...	...	...	...
33,5	Sorge (486 m)	↓	5.06	8.17	...	...	x12.45	13.45	...	...	16.45	...	17.47	...	...	...	...
41,6	Elend (509 m)	↓	5.26	8.36	...	...	13.09	14.05	...	...	17.05	...	18.05	...	...	...	...
46,4	**Drei Annen Hohne** ✕ (540 m)	an	5.37	8.47	...	...	13.20	14.16	...	...	17.16	...	18.16	...	...	...	...
0,0	**Schierke** (685 m)	ab	⌇	⌇	◪9.07	■9.36	↓	↓	...	■16.03	↓	...	↓	...	...	...	...
5,4	**Drei Annen Hohne** ✕ (540 m)	an			◪9.29	■9.49			...	■16.16		...		...	...	...	...
46,4	**Drei Annen Hohne** ✕ (540 m)	ab	5.38	8.47	9.30	9.49	13 21	14.17	...	■16.17	17.17	...	18.17	...	...	...	...
54,6	Steinerne Renne (311 m)	↓	5.59	9.08	9.50	10.10	13.42	14.38	...	16.38	17.38	...	18.38	...	...	...	...
56,2	Wernigerode-Hasserode (280 m)	↓	6.06	9.20	10.00	10.18	13.50	14.51	...	16.46	17.46	...	18.46	...	...	...	...
58,0	Wernigerode Kirchstraße (256 m) (u)	↓	6.12	9.25	10 05	10.24	13 56	14.56	...	16.52	17.52	...	18.52	...	...	...	...
59,5	Wernigerode-Westerntor (238 m)	↓	6.17	9.31	10.11	10.30	14.01	15.02	...	17.04	17.58	...	18.58	...	...	...	...
60,5	**Wernigerode** ✕ (234 m) 675	an	6.21	9 35	◪10 15	■10 34	14.05	15.06	...	■17.08	◪18.02	...	19.02	...	...	...	...
	Wernigerode 675	ab	6.32	9.59	...	**10.59**	15.10	...	...	17.37	◪18.16	...	**19.09**	19.18	...	...	...
	Halberstadt 675	an	7 06	10.34	...	**11.26**	15.41	...	...	18.11	18.52	...	**19.36**	19.48	...	...	...
	Magdeburg Hbf 700	an	**8.23**	...	...	**12.35**	...	...	...	◪19.45	◪20.18	...	**21.03**	21.41	...	...	...

Entfernung zwischen den Bahnhöfen Nordhausen Nord und Nordhausen 300 m

a vom 3. VII. bis 3. IX. tgl., sonst nur ◪

b an 11.50

🎄 nicht am 24. u. 31. XII.

🎄1) auch am 24. u. 31. XII.

❶ von Ge

❸ nach (

🎄2 nur bis 17. IX. u. ab 12. V. zwischen Eisfelder Talmühle-Ilfeld Eisfelder Talmühle

Ⓚ = ab 23. IX. nur außer ⑥,
auch 24. u. 31. XII.,
nicht 25. XII., 17., 19. IV. u. 01. V.

676 Drei Annen Hohne– Schierke – Brocken und zurück

alle Züge 2. Klasse (Schmalspurbahn)

	Magdeburg *Hbf 700*		Ⓐ *4 24*				*8 07*		*9 54*		**⁝ *11 25***				Ⓚ *14 01*
	Halberstadt 6 75		*6 44*				Ⓒ *9 17*		*11 58*		*13 10*				*15 49*
	Wernigerode 678		8 00		8 54		*9 52*		12 40		*14 12*				*17 11*
	Drei Annen Hohne 678	○	8 47		9 40		Ⓒ *10 45*		13 25		*15 01*				*18 01*
		Zug Nr	14431		14433		14421		14435		14423	14425	14427		14429
km	*Rbd Halle*		🚲		🚲		🚲		🚲		🚲	🚲	3 🚲		3 🚲
0	Drei Annen Hohne *(540 m)*		8 55		9 47		11 00		13 32		15 14	15 59	17 21		18 35
5	Schierke *(635 m)*		9 08		10 00		11 13		13 45		15 27	16 12	17 34		18 48
14	Goetheweg *(956 m)*		○		○		○		○		○		○		○
19	Brocken *(1120 m)*														

		Zug Nr	14432	14420		14434		14422	14424	14438	11426	14428		14436	
km	*Rbd Halle*		🚲	🚲		🚲		🚲	🚲	2 🚲	3 🚲	3 🚲		3 🚲	
0	Brocken *(1120 m)*														
5	Goetheweg *(956 m)*														
14	Schierke *(685 m)*		9 26	10 15		11 23		14 45	15 37	16 20	16 58	17 46		19 04	
19	Drei Annen Hohne *(540 m)*	○	9 39	10 28		11 36		14 58	15 50	16 33	17 11	17 59		19 17	
	Drei Annen Hohne 678		9 42	*11 17*		11 44		*15 03*		16 34	*17 14*	*18 33*		19 19	
	Wernigerode 678	○	10 40	*12 04*		12 32		*15 50*		17 21	*18 01*	*19 16*		20 06	
	Halberstadt 675	○	***11 17***	*13 04*		*14 34*		*16 55*		*18 23*	**⁝ *18 35***	*19 58*		*21 31*	
	Magdeburg Hbf 700	○	**⁝ *13 17***	*15 39*		**⁝ *15 47***		*18 04*			**⁝ *19 46***	*20 43*		Ⓚ **⁝ *23 02***	

Ⓐ = ⚒ außer ⑥
Ⓒ = ⑥ und †
Ⓚ = vom 6. VII. bis 1. IX. täglich, sonst nur ⚒ außer ⑥

1 = nicht 24. und 31. XII.
3 = nur bis 29. IX.
2 = erst ab 30. IX.

Die kurze Steigung von 14 ‰ hinter Benneckenstein meistert 99 7240 ohne große Mühe (30. Dezember 1995).

Ingo Thiele

Unterwegs mit den Harzer Schmalspurbahnen

Von Wernigerode nach Nordhausen

Für meinen Freund der ersten Stunde,
Peter Kristandt

SUTTON ZEITREISE

Bildnachweis

Hufe, Gert: S. 70, 88 o; Hufe, Volker: S. 43, 45, 47, 115 u; Fröhmer, Volker: S. 42 u, 95, 102 o, 103 o; Hanitzsch, Reinhard: S. 8 u, 18 o, 29 o, 34 u, 41, 46, 72 u, 85 o, 86 o, 93 u, 94 o, 102 u, 106, 111 u, 113, 117 o; Kristandt, Peter (†): S. 21, 22, 26 o, 42 o, 48, 58, 62 u, 74, 82, 83 u, 117 u, 118, 119, 120; Siebke, Karl-Heinz: S. 28 o.

Alle weiteren Bilder stammen aus der Sammlung des Autors.

Einband vorn: 99 7235 in der Brockenspirale (15. März 2003).
Vorsatz: Kursbuchauszüge von 1961 (links oben) und 1962 (links unten) sowie von 1989 (rechts oben) und 1991 (rechts unten).
Seite 2/3: Der tägliche Dampfzug von Hasselfelde macht sich beim letzten Büchsenlicht in Stiege auf den Weg nach Gernrode (99 6001, 29. Januar 2011).
Nachsatz: Kursbuchauszüge von 1961 (links oben) und 1983 (links unten) sowie von 1984 (rechts oben) und 1991 (rechts unten).
Einband hinten: 99 7231 und 7233 bei Krimderode (2. April 1989).

Impressum

Sutton Verlag GmbH
Schweickhardtstraße 1
72072 Tübingen
www.suttonverlag.de

ISBN: 978-3-96303-472-5
Printed in Poland by CGS Printing
Gestaltung und Herstellung: Sutton Verlag

Unveränderte Neuausgabe des 2019 erschienenen Titels „Mit Volldampf durch den Harz. Auf schmaler Spur von Wernigerode nach Nordhausen“ (ISBN 978-3-96303-134-2).

INHALT

99 7244 startet in Stiege mit einem Personenzug Richtung Eisfelder Talmühle (5. Januar 1995).

Vorwort

Mit Dampf geht es heute mehrmals täglich zum Brocken, die gut gefüllten Züge zeugen von der ungebrochenen Attraktivität einer solchen Fahrt auf den sagenumwobenen Gipfel der Norddeutschen, und es ist zu hoffen, dass die Harzer Schmalspurbahnen als das einzigartige technische Denkmal, das sie mit den meisten täglich eingesetzten Dampflokomotiven in Europa – wenn nicht weltweit – zweifellos sind, weiterhin die Generationen erfreuen und die Erinnerung an die technischen Errungenschaften wachhalten. Lassen Sie sich mitnehmen auf eine Bilderreise durch das Mittelgebirge mit seinen vielfältigen Landschaften, fahren Sie durch die Jahreszeiten und schnuppern die Atmosphäre der schmalspurigen Dampfeisenbahn. Eine Dokumentation der Harzer Schmalspurgeschichte ist nicht das Ziel dieses Buches, hier geht es um das Flair der Dampflok, die Atmosphäre der Bimmelbahn, die Harzer Landschaft und die Bahn im Alltag der Menschen.

Das Erscheinungsjahr dieses Buches kennzeichnet zugleich ein Gedenken, denn 30 Jahre ist es nun schon her, seit die trennende Mauer zwischen Deutschen fiel. Dass die Harzer Schmalspurdampfloks heute noch munter durch die Berge dampfen, ist nicht selbstverständlich. Nach der Wende war der Gedanke, diese nach westlichen Maßstäben unrentable Bahn aufzugeben, durchaus sehr real. In der alten Bundesrepublik waren vergleichbare Bahnen bereits Ende der 60er-Jahre verschwunden, es galt das unerbittliche Prinzip der gewinnorientierten Marktwirtschaft. Doch die Menschen im Lande wollten ihre Bahn nicht hergeben, ihre Dampfloks weiter durch die Berge schnauben hören. Der nun wieder erreichbare Brockengipfel spielte eine entscheidende Rolle, der Strom von Wanderern aus West und Ost erforderte bald zusätzliche Züge. 1991 gab es Pläne, den gesamten Betrieb auf die Brockenstrecke von Wernigerode aus zu beschränken und vor allem mit Dieseltriebwagen abzuwickeln. Auch legten Umweltschutzorganisationen Einspruch gegen die Eröffnung der Brockenstrecke ein. Doch die betroffenen Länder, Landkreise und Kommunen stemmten sich erfolgreich allen Versuchen entgegen und bildeten eine kommunale Gründungsgesellschaft zum Erhalt des gesamten Harzer Schmalspurnetzes, aus dem schließlich die Harzer Schmalspurbahnen GmbH (HSB) hervorging. Der Dampfbetrieb war damit ebenfalls gesichert, stellte er doch einen unverzichtbaren Bestandteil als technisches Denkmal dieser einmaligen Bahn dar, und nicht zuletzt war es vehementer Wunsch der Fahrgäste. Planmäßige Züge mit Dampf zu erleben ist eben noch einmal etwas anderes, als im gelegentlichen Museumszug durch die Lande zu zuckeln. So bleibt also zu hoffen, dass dem Harz der Dampf nicht ausgeht und noch lange die Pfiffe durch die Täler hallen.

Die Bilder folgen dem Streckenverlauf von Wernigerode zum Brocken, von Drei Annen Hohne nach Nordhausen und von Gernrode nach Harzgerode und Hasselfelde. Ein Kapitel gehört dem Güterverkehr, der in den 80er-Jahren noch eine erhebliche wirtschaftliche Bedeutung hatte und den Eisenbahnfreunden ein attraktives fotografisches Feld bot.

99 7235 durchfährt den Hp Albrechtshaus auf dem Weg nach Stiege (20. Februar 2012).

99 7237 arbeitet sich am Ausgang des Drängetals Richtung Drei Annen Hohne voran (30. Dezember 1995).

1

Die Harzquer- und Brockenbahn

Nach sehr bewegter Vorgeschichte wurde die Harzquer- und Brockenbahn, damals Nordhausen-Wernigeroder Eisenbahn (NWE), schließlich im März 1899 für den Gesamtverkehr freigegeben. Mit dem Zug auf den höchsten Berg Norddeutschlands zu fahren, dieser Traum war nun Wirklichkeit geworden, ebenso wie die Nord-Süd-Querung dieses Gebirges zwischen Wernigerode und Nordhausen auf einer Spurweite von genau einem Meter. Im Vordergrund stand und steht bis heute der Ausflugsverkehr, Güter waren abhängig von den an der Strecke befindlichen Betrieben und ihrer wirtschaftlichen Situation mal mehr und mal weniger zu befördern. Nach der Wiedervereinigung beider deutscher Staaten kam der Güterverkehr bald ganz zum Erliegen. Heute wird nur noch Grauwacke vom Schotterwerk Unterberg bei Eisfelder Talmühle mit Dieselloks der Baureihe 199.8 nach Nordhausen abgefahren.

Die Züge zum Brocken sind nach wie vor die Hauptattraktion der Bahn. Nach dem Krieg verkehrten ab Mai 1950 wieder erste reguläre Züge auf den Gipfel, und ab 1955 kamen stärkere Neubaulokomotiven mit der Achsfolge 1'E1' zum Einsatz, die als leistungsfähigste aller deutschen Dampfloks auf Schmalspurgleisen bis heute ihren Dienst tun und den größten Teil des Betriebes abdecken. Ab 1976 wurden diese Maschinen auf Ölhauptfeuerung umgebaut, was jedoch Anfang der 80er-Jahre aus energiepolitischen Gründen wieder rückgängig gemacht werden musste. Mit dem Bau der Mauer 1961 war das Betreten des Brockens verboten und damit endete auch der öffentliche Verkehr bereits in Schierke. Erst nach der Wende und einer umfangreichen Sanierung der Strecke wurde der Betrieb im Juli 1992 wieder aufgenommen. 1984 hatte die Harzquerbahn erneut Anschluss an die Selketalbahn, nachdem das Streckenstück zwischen Straßberg und Stiege wieder aufgebaut war. Ende 1991 ging das gesamte Harzer Schmalspurstreckennetz in die Verantwortung der neu gegründeten Harzer Schmalspurbahnen GmbH (HSB) über, welche seither einen erfolgreichen Betrieb auf dem 140 km langen Netz gewährleistet.

Auf den gut 60 km der Harzquerbahn steigt die Strecke zunächst von Wernigerode bis Drei Annen Hohne stetig an und erreicht schließlich zwischen Elend und Sorge mit 556 m ü. NN den höchsten Punkt. Nachdem die Benneckensteiner Hochebene durchfahren ist, fällt die Strecke wieder kontinuierlich auf einer Länge von etwa 20 km ab und endet in Nordhausen auf 183 m Meereshöhe. In mehreren Abschnitten wird eine maximale Steigung von 33 ‰ erreicht, damit ist sie in Teilen steiler als die Brockenbahn mit maximal 30 ‰. Um den Brocken ohne Zahnradbetrieb zu erreichen, war es notwendig, die Strecke um den Königsberg herum zu verlängern und den Gipfel eineinhalbmal zu umrunden. Dieses letzte Streckenstück wird auch Brockenspirale genannt.

Die Attraktivität des Brockens und die Möglichkeit, mit der Dampfbahn hinaufzufahren, sind bis heute ungebrochen. Über eine Million Fahrgäste jährlich nutzen die Harzer Schmalspurbahn insgesamt, allein 600.000 von ihnen sind Brockenfahrer.

99 6102-0

Zwischen Westerntor und Kirchstraße ergibt sich dieses schöne Stadtmotiv mit der St.-Marien-Kirche. 99 222, die letzte verbliebene der drei Vorgängermaschinen der zwischen 1954 und 1956 beschafften Neubaulokomotiven, kommt hier in ihrem weitgehend ursprünglichen Erscheinungsbild angefahren. Auch den Oberflächenvorwärmer hat man ihr wieder eingebaut, was der Lok deutlich besser steht als die kantigen Mischvorwärmer ihrer Schwestern (4. März 2000).

Links oben: 99 6102 ergänzt in Wernigerode ihre Vorräte. In der Regel wird sie im Rangierdienst nach Hasserode eingesetzt, da sie, wie ihre Schwester 99 6101, als C-Kuppler nur bedingt streckentauglich ist (28. Januar 1978).

Links unten: 99 7237 verlässt den Haltepunkt Kirchstraße (heute Hochschule Harz), Lokführer und Heizer beobachten aufmerksam ihren Fahrweg (Januar 1983).

99 7231 begibt sich nach einem kurzen Halt an der Kirchstraße in gemächlichem Tempo auf die Weiterfahrt. Eine bekannte und doch immer wieder schöne Szene im Wernigeröder Stadtgebiet (5. November 1994).

Rechts oben: Ein Stück weiter sind wir schon im Stadtteil Hasserode und passieren das nächste Gotteshaus, die Christuskirche (99 7239, 4. März 2000).

Rechts unten: 99 7237 fährt in den Bahnhof Hasserode ein. Hier wird also das bekannte Hasseröder Bier gebraut, und das bereits seit 1872. Schon zu DDR-Zeiten beliebt, war es damals jedoch nicht überall zu bekommen. Wenngleich nicht ganz so begehrt wie Wernesgrüner oder Radeberger, war es doch eines der besseren Biere. Die anderen Sorten wurden oft als „Plempe" bezeichnet (5. Februar 2012).

99 7239-9

99 7243 passiert die ehemalige Verladestelle Thumkuhlental. Dort wurde bis 1921 Granit-Schotter verladen (5. November 1994).

So tut es auch NWE 11 (99 5901) mit ihrem Sonderzug nach Nordhausen (8. Juli 1989).

Die „Mama“, 99 7222, oder auch nur 99 222, verlässt den Thumkuhlentunnel auf dem Weg zum Brocken (28. Februar 2016).

99 7246-4

99 5902 mit dem samstäglichen Sonderzug zum Brocken im Drängetal (20. Oktober 2007).

Links oben: Der Hang gegenüber ließ sich gerade noch nutzen, ein Jahr später war dieses Motiv schon zugewachsen. Und dennoch, durch Abholzung oder auch Sturmschäden ergeben sich immer wieder neue Perspektiven (Drängetal, 10. November 2001).

Links unten: Hier weitet sich der Blick in die Harzberge und lässt erkennen, dass die Harzer Schmalspurbahn eine echte Gebirgsbahn ist (99 7246, Drängetal, 5. November 1994).

99 7239 stürmt die letzten Meter zum Wasser- und Umsteigehalt Drei Annen Hohne hinauf (30. Dezember 1995).

Rechts oben: NWE 11 (99 5901) wartet in Drei Annen Hohne mit ihrem schönen Altbauwagenzug, der noch nicht wie eine Speckschwarte glänzt, auf die Weiterfahrt (18. Juli 1989).

Rechts unten: Sommerliche Ruhe auf dem oft quirligen Bahnhof Drei Annen Hohne. Übrigens gab es hier bis 1964 eine Verbindung zur regelspurigen Rübelandbahn, das entsprechende Bahnhofsgebäude (Ruine) und der Fußgängertunnel unter der Harzbahn sind noch vorhanden. Neuerdings werden Überlegungen angestellt, die Verbindung zur Rübelandbahn wiederherzustellen (NWE 11, 99 5901, 18. Juli 1989).

Fahrkartenausgabe
und Warteräume

99 5902-4
99 7237-5
DREI-ANNEN-HOHNE
F

99 7243 begibt sich in die Brockenspirale (10. November 2001).

Links oben: 99 7237 und 99 5902 sowie eine dritte Lok kreuzen im Bahnhof Drei Annen Hohne. Ein warmer Junitag beschert hohe Fahrgastzahlen, und auf alles hat die Volks- und Transportpolizei einen wachsamen Blick, denn noch darf bis Benneckenstein niemand den Zug verlassen, der nicht einen Passierschein besitzt (Mai 1986).

Links unten: Von der Sommerfrische in den tiefen Winter. 99 7240 hilft beim Auftauen einer Weiche, erst dann kann es weitergehen (Drei Annen Hohne, 30. Dezember 1995).

99 5902

99 7239 hat mit dem Berg zu kämpfen, ebenso der Fotograf, der nur mit Mühe diesen Standpunkt erreichte. Der Aufstieg über das Eckerloch hat Kraft gekostet. Theaterlicht erhellt die Szene vor tiefdunklem Hintergrund, neue Schneefälle kündigen sich an. Mit diesem Bild verabschiedete sich der Fotograf Peter Kristandt vom Harz, den er doch unzählige Male besuchte, er sollte nicht wieder hinkommen. Ein gutes Jahr später verabschiedete er sich auch vom Leben, mit 56 (27. Februar 2016).

Links oben: Der Königsberg ist zur Gewinnung von Höhe umrundet, nun geht es am Goetheweg, der von Torfhaus heraufkommt, entlang Richtung Brockenspirale (14. Februar 1999).

Links unten: 99 5902 hat mit ihrem Sonderzug das meiste geschafft, derweil sich der Fotograf eben noch aus dem bauchtiefen Schneeloch befreien konnte (10. November 2001).

Bis zur Einfahrt in den Brockenbahnhof muss der Regler geöffnet sein, erst dort geht es in die Waagerechte (99 7247, 28. Februar 2016).

Rechts oben: Die Dampffahne zeigt an, dass auf dem Brocken mal wieder ein ordentlicher „Zug" herrscht. Für den Moment des Auslösens die Hände aus den Handschuhen und schnell wieder hinein (99 5902, 16. Januar 2010).

Rechts unten: 99 5902 hat den Sonderzug von Wernigerode heraufgebracht und setzt zur Rückfahrt um. Auf dem Brocken herrscht strahlender Sonnenschein, während nur wenige Meter tiefer die Wolken das Land bedecken. Eine solche Wetterlage kann man an wenigen Tagen im Jahr erleben, aber dazu braucht man viel Glück oder ist ein Wetterfrosch (16. Januar 2010).

Gleis 1

Mit dem letzten Zug des Tages bergwärts hat 99 7245 das Ziel so gut wie erreicht, nur noch eine Kehre von 180°, und die letzten Gipfelbesucher, die wartend den Bahnsteig bevölkern, besteigen durchgefroren den gut geheizten Zug. Lediglich ein paar wenige machen sich „unverfroren" zu Fuß auf den Rückweg (10. November 2001).

Rechts: Wenig Sonne an diesem Tag, dafür viel eisiger Nebel, der die leidgeprüften Kiefern mit märchenhaftem Raureif überzieht, ein magischer Wald bizarrer Skulpturen, und die Kälte kriecht in die letzten Winkel des Körpers. Dieses eine Bild noch, dann wird es endgültig Zeit, dass wir wieder hinunterkommen. Die letzten Meter vor dem Bahnhof Schierke stolpern wir in der Dunkelheit nur voran, für heute reicht es, und schön war es wieder … (Brockenbahnhof, 99 7237, 30. Dezember 1995)

997237-3

99 6101

99 222

Mitunter sind Harzzüge doppelt bespannt, um eine Leerfahrt zu sparen. Hier dampfen munter 99 7239 und 7240 zwischen Elend und Sorge vorbei (6. November 1994).

Links oben: NWE 11 und 13 starten in Drei Annen Hohne Richtung Brocken, parallel 99 6101 nach Nordhausen (8. Februar 1997).

Links unten: Für ein kleines Örtchen besitzt Elend ein erstaunlich großzügiges Empfangsgebäude. Die altehrwürdige „Mama", immerhin geht sie auf die 90 zu, ist gerade eingetroffen und wird ihre Fahrt Richtung Eisfelder Talmühle fortsetzen. Übrigens wird immer wieder gefragt, woher der Ortsname kommt. Er leitet sich wohl vom althochdeutschen „eli lenti" ab, später „ellende", was so viel heißt wie „außer Landes" oder „in der Einsamkeit". So ergibt sich auch wieder der Bezug zur heutigen Bedeutung des Wortes (4. März 2000).

99 6101

Im Juli 1984 darf die 99 5904 vor schmalspurigen Güterwagen in Benneckenstein relativ blankgeputzt posieren. Leider wurde sie 1990 verschrottet.

Links oben: Der P 14405 mit 99 7234 passiert kurz vor Sorge die Reste der Überführung der Südharzeisenbahn nach Braunlage/Walkenried, über diese Brücke fuhr 1947 der letzte Zug. Am 17. März 1990 steht der Grenzzaun noch, nur die Lücke in Richtung Braunlage unterbricht das Band, und die Straße von Elend nach Sorge ist auch schon offen.

Links unten: Mit einem Fotogüterzug sind 99 6102 und 6101 am Hp Sorge anlässlich des großen Jubiläums „100 Jahre Harzquer- und Brockenbahn" zu sehen (2. April 1999).

99 7239 und 7240 in der Ausfahrt Benneckenstein nach Nordhausen. In Hasselfelde und hier in Benneckenstein war übrigens bis in die 90er-Jahre jeweils eine Dampflok stationiert (6. November 1994).

Rechts: Zwei Impressionen von der Benneckensteiner Hochebene: Jeweils von Nordhausen kommend, arbeiten sich die Züge auf 530 m hoch und bieten auf den freien Flächen vor Benneckenstein interessante Motive. Der Fantasie sind keine Grenzen gesetzt (29. Januar 2011).

Nach einem längeren Fußmarsch ist diese Stelle in der Nähe der ehemaligen Holzverladestelle Kälberbruch mit alter Brücke erreicht (99 7246, 30. Dezember 1995).

Hochbetrieb im Bahnhof Eisfelder Talmühle: Neben 99 7239 und 7240 hat sich 199 872 eingefunden. Sie ist eine von zehn Maschinen der DR-Baureihe 110/V100, die auf Meterspur umgerüstet wurden und seit Ende der 80er-Jahre im Dienst sind (6. November 1994).

99 247

Über die Berebrücke hinter Ilfeld-Bad kommt 99 7238 vom Bw Nordhausen-Nord (Schmalspur-Bw) herangefahren und hat gleich den Hp Netzkater erreicht (Juli 1989).

Links oben: 99 247 hat in Eisfelder Talmühle Wasser genommen und setzt ihre Fahrt nach Nordhausen in Kürze fort. Mit ihrer ursprünglichen Nummer versehen, läuft die letztgebaute Maschine dieser Neubauserie seit 1990 durch den Harz (5. November 1994).

Links unten: Bahnhof Eisfelder Talmühle: Dieser Blick ist heute nicht mehr möglich, der Wald hat die dies- und jenseitigen Hänge wieder in Besitz genommen (März 1984).

99 7231-6

99 7238 hat die Heimatdienststelle bald wieder erreicht (Bahnübergang südlich von Ilfeld, 20. Juli 1989).

Links oben: Noch ist sie nicht ganz geschlossen, die Papierfabrik in Ilfeld. Hier wird nur noch Papier verarbeitet. Aber bekannt ist sie nach wie vor als ehemaliger Lieferant für Toilettenpapier. 99 7245 rollt südwärts, rechts das Anschlussgleis, auf dem bis Anfang der 90er-Jahre Rollwagenzüge von Nordhausen aus die wertvolle Fracht abtransportierten (2. April 1989).

Links unten: Einfahrt Ilfeld von Norden, links der Lokschuppen. 99 7231 vom Bw Nordhausen hat die Berge verlassen, ab hier rollt es eben (6. November 1994). Heute ist Ilfeld auch Endpunkt der Nordhäuser Straßenbahn.

99 7240-7

Zwischen Kalksteinabbruch und Friedhof von Niedersachswerfen rollt 99 7246 Richtung Nordhausen (Mai 1986).

Links oben: Etwa auf halbem Weg von Ilfeld nach Niedersachswerfen fährt 99 7240 mit P 14409 von Wernigerode als letztem Zug des Tages durch das sanfte Abendlicht (August 1988).

Links unten: Bergwärts ist 99 7238 unterwegs, Niedersachswerfen verlassend. Im Hintergrund erheben sich die Kalksteinhügel des Kohnsteins, landschaftlich prägendes Element dieser Gegend (20. Juli 1989).

Am frühen Morgen in Niedersachswerfen: Die noch milchige Sonne hat gerade den Horizont überschritten, aber das Licht reicht für einen der ersten Züge (August 1988).

Rechts oben: Von Nordhausen bis Niedersachswerfen verlaufen die Regelspurstrecke nach Ellrich und die Schmalspurbahn etwa parallel. Daher heißt der Schmalspurbahnhof Niedersachswerfen-Ost (99 7238, Mai 1986).

Rechts unten: Auf dem Streckenstück bis Ilfeld übernimmt die Harzer Schmalspurbahn echte Nahverkehrsaufgaben, mit Tourismus hat das hier wenig zu tun. Die Menschen fahren zur Arbeit, nutzen die Bahn als unentbehrliches Verkehrsmittel. Niedersachswerfen-Ost, 99 7234 als Vorspann vor einer weiteren Schwesterlok, an einem trüben Märztag 1983.

99 7238-1

99 7234-0

99 7242-3

99 0235-4

Am Haltepunkt Nordhausen-Altentor begegnet 99 6101 dem Fotografen mit einem Sonderzug. Das stattliche Gebäude beherbergte bis zur Wende den VEB Tabak Nordhausen, größter Zigarettenhersteller der DDR (19. Oktober 2003).

Links oben: Mit einer schönen Altbauwagen-Garnitur qualmt sich 99 7242 durch Ilfeld, wobei die vielen Grundstückseinfahrten und Wege hohe Aufmerksamkeit des Lokpersonals erfordern (15. August 1984).

Links unten: An gleicher Stelle, aus anderer Richtung kommend, passiert die noch ölgefeuerte 99 0235 mit P 14407 das fotogene Fachwerkhaus an der kopfsteingepflasterten Straße. Der Rückbau der ölgefeuerten Maschinen erfolgte zwischen 1982 und 1984, nachdem die Loks erst Ende der 70er-Jahre auf Ölhauptfeuerung umgebaut worden waren. So waren manche Loks kaum drei Jahre mit dieser Feuerungsart unterwegs (Ilfeld, 18. September 1981).

Zum Abschluss einige Ansichten aus Nordhausen:

Oben: Wenige Meter weiter als links unten hat 99 7232 ihre Fahrt begonnen und kreuzt hier die Bruno-Kunze-Straße. Der Bahnübergang wurde mittlerweile durch eine Brücke ersetzt (25. Dezember 1992).

Links oben: 99 7238 hat die Heimat wieder erreicht und wird sogleich am Bahnsteig Nordhausen-Nord zum Halten kommen. Im Packwagen sitzt der Zugführer in der geöffneten Tür, es war wohl ein heißer Tag. Im Hintergrund die Rollwagenanlage. Fotostandort ist die ehemalige Fußgängerbrücke an der Freiherr-vom-Stein-Straße (August 1983).

Links unten: In umgekehrter Richtung steht 99 7235, die gerade Ausfahrt erhalten hat (Juli 1986).

99 6102-0
99 6102-0

99 7236-5
99 7232-4

26 Jahre später treffen sich wieder drei Loks in Nordhausen, diesmal 99 7232, 7238 und 7235 während einer Foto-Veranstaltung am 16. Februar 2011, regulär ist hier nur eine Lok im Einsatz.

Links oben: 99 6102 wird in Nordhausen-Nord bekohlt, dort wurde sie im Rangierdienst eingesetzt, wenn die Diesellok ausfiel (Mai 1984).

Links unten: Die drei Nordhäuser Planloks 99 7236, 7232 und 7237 begeben sich zur Nachtruhe (Bw Nordhausen, 1985).

Aus Sorge ausfahrend, arbeitet sich der Zug noch einmal auf 530 m hinauf nach Benneckenstein (30. Dezember 1995).

99 7243 hat den schneebedeckten Gipfel erreicht und durcheilt das Skulpturenkabinett des tiefen Brockenwinters (14. Februar 1999).

2

Füchse im Nebel

Ein wenig Schlaf, der nicht gelingen will und dann doch kurz vor dem erbarmungslosen und gleichwohl erlösenden Wecker endlich über mich hereinfällt. Schlaf, der in unterbewusster Spannung an der Oberfläche dümpelt und urplötzlich wie eine Decke weggezogen wird, um 3.00 Uhr.

Ein einsames, karges Frühstück in der Küche hinter verschlossener Tür, Kaffeewasser gurgelt durch die Maschine, schnell ein paar Stullen geschmiert. Einen kurzen Moment stehe ich noch in der Tür, höre die Geräusche des Schlafes der bald Zurückbleibenden, die Verabschiedung liegt schon Stunden zurück, und ab in die Nacht – Ruf der Dampflok.

Die Nacht, eine freundliche wie unheimliche Begleiterin. Wir haben sie schätzen gelernt: leere Straßen, entspannte Fahrt, freier Lauf der Gedanken, musikalisch inszeniert vom Nachtprogramm im Radio. Der Wagen frisst die Kilometer, hoffentlich zuverlässig, stürmt dem Morgen entgegen. Auch und vielleicht besonders jene Fahrten ohne Begleiter, alleine, sind von einem bizarren Reiz, eine verlorene Reise durch Zeit und Raum und doch mit klarem Ziel. Ein einsam Suchender auf der Spur seiner Leidenschaft, während vertraute, nächtliche Bilder vorbeiziehen und die Spannung zwischen Gewissheit und Ungewissheit des kommenden Tages nähren – das hebt sich so ganz vom beherrschenden Alltag ab, ist eine Reise in eine andere Welt, die mit herkömmlichem Urlaub überhaupt nichts gemein hat. Die allmähliche geografische wie mentale Annäherung an das ersehnte Ziel ist als notwendiger Bestandteil der Spurensuche schlicht unverzichtbar, im Zeitalter der Jets fast schon ein nostalgisches Relikt vergangener Reisekultur.

Ich fahre in entgegengesetzter Richtung zum eigentlichen Ziel, um zunächst den Freund abzuholen. Wir flüstern beinahe, ein Händedruck, der sagt: Komm Junge, es geht los, schön, dass du da bist! Ein breites Lächeln drückt die gemeinsame Empfindung aus, dem Alltag für kurze Zeit entweichen zu können.

Während der Wagen monoton über die fast leeren Straßen rollt, gibt es viel zu erzählen, zu erinnern, zu lachen; zu lange hat man sich nicht gesehen.

Die erste zaghafte Morgenröte zeigt sich im Osten, schummrige Dämmerung lässt versäumten Schlaf offenbar werden. Die unvermeidliche Frage nach dem Wetter kommt auf, es wird spekuliert, die verschiedenen Wetterberichte gegeneinander ausgespielt. Am Ende ist wieder klar, dass jedes Wetter seine Reize hat, die es nur zu entdecken und zu nutzen gilt.

Vor uns bauen sich immer deutlicher die Konturen des Mittelgebirges auf, noch sind Wolken und Berge nicht klar zu unterscheiden, sind zu einer fernen, wuchtigen Masse verschmolzen. Dort irgendwo werden jetzt die Kessel auf Druck gebracht, kommt allmählich Leben in die morgendlich-kalte Dampfbahn-Ruhe.

Doch jetzt beschert uns der Aufbau Ost erst einmal etliche Umleitungen; vieles ist vorangekommen, nicht wenig unverändert wie zu Erichs Zeiten und wird wohl noch eine Weile so bleiben. Wir beginnen nur langsam zu begreifen, dass die Mauer nicht mehr existiert, wir haben sie, um unbefangen sein zu können, zu oft erlitten.

Mit dem anbrechenden Tag wird der Blick klarer und offenbart den Fortschritt in Form großflächiger Werbeplakate, der Götze „Konsum“ lässt grüßen. Neugierig werden die Eindrücke aufgenommen, Vergleiche gezogen und ein Blick in die Zukunft gewagt, wenig ermutigend.

Dann aber wallt der Dampf, tauchen die schwarzen Drachen auf. Sie fahren noch und wir sind da. Die Sonne hat sich inzwischen verabschiedet, die Bergkuppen liegen bereits im Nebel, na, das kann ja heiter werden! Je höher wir kommen, desto mehr enthüllt sich die ganze traurige Wahrheit: Nebel, so weit das Auge reicht, kaum dass man die Hand vor ebenjenen sieht. Die Stimmung tendiert nach unten, musste es denn so schlimm kommen? Nun denn, so hoch, wie es geht, aber auch hier das gleiche Bild: Kalter Nebel wabert ringsum, vom böigen Wind wie Waschküchendampf bewegt. Die kleine Station ist mitten im März noch tief verschneit, keine Menschenseele zu sehen, wer will auch schon zu dieser Zeit und bei diesem Wetter auf den Gipfel, und sei es am Wochenende und mit der Dampflok. Im Vorbeifahren nehme ich flüchtig ein Schild wahr, war da ein Tier abgebildet?

Bis zur Ankunft des Frühzuges ist noch Zeit, wir nutzen sie für eine zünftige Brotzeit, um die Beine zu vertreten und um noch mal über das Wetter zu schimpfen, ob es etwas hilft ... Und plötzlich steht er da – ich kann es kaum glauben, was meine trüben Augen da sehen, ein Fuchs, ein echter, leibhaftiger Fuchs, fast in greifbarer Nähe. Tollwut? Also vorsichtig aussteigen. Er weicht zurück, beruhigend, aber nicht weit. Wer hat hier mehr Angst? Gespanntes Taxieren von beiden Seiten. Langsam wächst das Vertrauen, oder die Neugier? Ein Fuchs, so nah und lebendig wie nie zuvor. Und der Kleine läuft nicht weg, reagiert auf unsere mutigen Lockrufe mit vorsichtiger, wohl hoffnungsvoller Annäherung. Nicht vergebens, selbstlos zerkleinern wir das letzte Frühstücksbrot. Er kommt ganz nah heran, schnappt den Brocken und zieht sich in sichere Fressentfernung zurück. Es ist alles in Ordnung mit ihm. Nun gehen wir in konzentrierter Aktion vor: Einer lockt an, der andere drückt auf den Auslöser. Anfangs erschreckt das Geräusch Meister Reineke noch, doch bald gibt er sich ganz als Fotomodell.

Später kommt mir das Schild wieder in den Sinn, da war doch ... Jetzt dämmert es, die zweite Attraktion dieser Station neben der Dampfbahn: „Hans“, der Fuchs! Von Kindesbeinen an unter Menschen blieb er seinen Zieheltern treu, heute zur Freude der Dampfbahngäste, und uns gab er sogar eine Sondervorstellung, war ja auch nicht sein Schaden (mir blieb nur ein kalter Apfel). So fing ein neblig-eisiger Tag dennoch freundlich an, für uns und sehr wahrscheinlich auch für „Hans“.

So, was nun, Bilder in dieser Waschküche zu machen ist mehr als nur eine Herausforderung. Was ist überhaupt möglich, wo, wann und wie lohnt ein Motiv? Wir gehen die Aufgabe an, Standortwechsel. Durch eine milchig-trübe Landschaft geht es über die Hochebene des Mittelgebirges. Wir haben Zeit, gewinnen dem trüben Einerlei die besonderen Seiten ab, die atmosphärische Dichte dieser Wetterlage hat hier in den Hochlagen des Harzes ihren ganz eigenen Reiz. Und dann, ja, was ist das, da bewegt sich doch etwas, mitten auf dem Feld, da rechts, tatsächlich, schon wieder ein Fuchs! Blinker raus und an den Straßenrand, schauen, staunen. Nein, „Hans“ kann das nicht sein, es ist ein wilder, ein „ganz echter“. Trotz großer Entfernung auf freiem Feld agiert er bei seiner Beutesuche äußerst vorsichtig, schaut immer wieder auf, sichert in alle Richtungen – und entdeckt uns. Eilig entfernt sich das Tier, verschwindet im Nebel. Ich komme mir vor wie von einem anderen Stern, ein grünes Männchen, das noch keinen Fuchs gesehen hat. Tatsächlich habe ich erst ein einziges Mal derartiges beobachtet, und das nur flüchtig aus dem Fenster eines schnellen Zuges heraus vor zig Jahren. Wir stehen wie gebannt, lässt er sich noch einmal blicken? Schließlich setzen wir unsere Fahrt fort, nur allmählich verdrängt die Dampfeisenbahn das Gesehene, fordert sehr bald wieder alle fotografische Nebel-Fantasie. Nächster Standortwechsel, abermals grüßen wir denselben Fuchs von vorhin, der wieder an alter Stelle geduldig mit Mäusefang beschäftigt ist, und rollen weiter durch die Hochebene.

Kurz vor Erreichen des nächsten Motivs wird es langsam merkwürdig: noch ein Fuchs! Diesmal zum Fotografieren nahe. Vielleicht ist es ja doch die Tollwut … Meister Reineke und seine Genossen begegnen uns noch häufiger, auf sonderbare, in unserem Empfinden beinahe unheimliche Weise begleitet seine Art unsere ganze Tour. Eine Nebenhandlung, die so ungewöhnlich wie reizvoll ist, dass wir bald mehr nach Füchsen als nach schnaubenden Rössern Ausschau halten.

Wie üblich muss der Hunger bis zum späten Abend warten, denn die Nebeldecke scheint sich zu lichten, ein Funken Hoffnung keimt auf. Da hinten verläuft der Strang, etwa dort vor der schemenhaften Baumgruppe. Ich kenne den Feldweg dorthin, aber der Schnee zwingt uns schon sehr bald, den Wagen abzustellen und den Rest zu Fuß hinaufzustapfen. Der Nebel hat sich nicht verzogen, ist allenfalls eine Nuance dünner geworden, gibt dem Licht eine winzige Chance, für das Foto müsste es reichen. Ein feucht-kalter Hauch wallt durch die verzweigten Äste einiger Birken und überzieht sie mit zarten Kristallen wie mit Puderzucker. Dem Freund gefällt es an dieser Stelle noch nicht, er stiefelt in den verharschten, hinternhohen Schnee hinein, hinab in die Wiese, die sich darunter wohl verbirgt. Mitten in öd-weißer Umgebung steht er als schwarzer Strich neben einem hölzernen Strommast, sonst nichts, nur Nebel und Stille. Der Zug rollt heran, funzelt sich durch den milchigen Vorhang aus Myriaden von Wassertröpfchen, die Konturen der 100-jährigen Mallet-Lok schälen sich aus der Waschküche heraus, auslösen, vorbei, schwefliger Rauch dringt in die Nase. Im kalten Nebel verliert sich die Dampffahne, dann kehrt die Stille zurück, eine dumpfe, buchstäblich tonlose Ruhe, nur der Atem weht leise. Da ist es, dieses Gefühl, als bliebe die Zeit stehen, keine Bewegung, kein Laut. Ein schriller Pfiff hallt herüber, der letzte Übergang vor dem Bahnhof. Ein, zwei lange Minuten, dann keucht die Dampfbahn wieder los, einer von zwei Zügen am Tag, vielleicht ist jemand zugestiegen. Diese Szene ereignet sich vier Jahre vor der Jahrtausendwende, und nichts hat sich an dieser Stelle, fast nichts an diesem Zug geändert, was auf die Jahrzehnte hindeuten würde, die die Bahn hier schon fährt. Echte Transportaufgaben hat sie hier nicht mehr zu erledigen, aber sie wird dem beschaulich Reisenden immer wieder eine wichtige Erkenntnis vermitteln

„Hans", der Schierker Bahnhofsfuchs (17. März 1996).

99 5906 bei Stiege (17. März 1996).

können: Was wäre, wenn wir uns mehr Zeit nähmen?

Durchgefroren sitzen wir im Auto, was nun, Herr Kollege? Da gäbe es noch die Gelegenheit zu einer Gegenlichtaufnahme, wir haben sowieso nichts Besseres zu tun, also los.

Hallo Meister Reineke, immer noch auf Mäusefang? Jetzt wird es aber Zeit, bald ist es dunkel. Oder sind Sie nicht der von vorhin? Nein, so groß ist Ihr Revier wohl kaum, Sie sind sicher ein naher Verwandter. Ein nebliger Tag neigt sich dem Ende zu, heute wird es besonders zeitig finster. Aber es ist noch früh, zu früh, unsere vernebelten Hirne aus der Dampflokwelt zu entlassen. Der Entschluss reift schnell, dem Personal in Gernrode beim Versorgen der Maschine nach der letzten Fahrt des Tages zuzuschauen; die Suche nach einem Nachtquartier kann noch warten. Mit steifen Fingern wird das Einrichten des Stativs und die Kameraeinstellung zum Zitterakt, eiskalter Wind rötet die Nasen, was für ein unwirtliches Wetter. „Ganz schön frisch heute Abend“, versucht mein Begleiter ein Gespräch mit dem Lokführer. „Frisch, ach was, ich mache das nun schon seit fast 30 Jahren, das bisschen hier ist doch kein Winter!“, lautet die nüchterne Antwort. Dieser alte Fuchs von Lokführer, denke ich. Das bisschen kalter Wind, was ist das schon. Recht hat er. Ich schnaube geräuschvoll in mein letztes Taschentuch, verdammte Kälte. Die von zwei Lampen erhellte, dampfende Szenerie hat etwas Unwirkliches, enthebt uns als Betrachter der umgebenden Realität, quasi per Dampfmaschine in eine andere Zeit versetzt. Erneut diese Empfindung stillstehender Zeit, als wäre der Weltenlauf an diesem Ort spurlos vorübergegangen.

Wir packen ein, es reicht, so mochte der Tag ausklingen. Aber noch bevor wir als Eiszapfen das Gelände verlassen haben, folgt die letzte Überraschung: Für eine Sekunde erscheint ein hundeartiges Wesen mit rötlichem Fell im fahlen Schein einer Lampe, springt unvermittelt aus der Dunkelheit hervor, huscht uns fast über die Füße und ist ebenso schnell in der Finsternis wieder verschwunden. Völlig überrumpelt weichen wir einen Schritt zurück, starren uns fassungslos an. So nahe beim Menschen hätten wir dieses scheue Tier niemals erwartet, zumal hier auf dem noch nicht ganz zur Ruhe gekommenen Betriebsgelände. Vielleicht war er tagsüber im Nebel so wenig erfolgreich wie wir und sucht nun in der Dunkelheit sein Glück, wie wir. Ein nicht recht erklärliches Unbehagen bleibt zurück.

Das knarrende, durchgelegene und zu kurze Bett kann uns nichts mehr anhaben, nur die Heizung führt sich auf wie ein gurgelnder Bach – Tiefschlaf bis zum frühen Aufstehen – mit den Füchsen.

3

Die Selketalbahn

Bereits zehn Jahre vor der Inbetriebnahme der Nordhausen-Wernigeroder Eisenbahn feierte man im Selketal die Eröffnung des ersten Teilstücks der Gernrode-Harzgeroder Eisenbahn (GHE), und fünf Jahre später konnte der durchgehende Betrieb nach Harzgerode und über Stiege nach Hasselfelde aufgenommen werden. Die Strecke folgt ein ganzes Stück weit dem Flüsschen Selke, das auf der Stieger Höhe entspringt und die Bahn bis Mägdesprung begleitet. Mit dem Bau der Verbindung von Stiege nach Eisfelder Talmühle 1905 war der Anschluss zur Harzquerbahn geschaffen und ein zusammenhängendes Schmalspurnetz von über 120 km entstanden. Nach Kriegsende 1945 wurde die gesamte Gleisanlage demontiert und ging als Reparationsleistung zum „großen Bruder". Aber schon wenige Monate später begann der Wiederaufbau, und 1949 wurde der Betrieb zwischen Gernrode und Straßberg (damals noch Lindenberg) erneut aufgenommen. Das Stück zwischen Straßberg und Stiege blieb jedoch aus wirtschaftlichen Gründen ausgenommen. Erst 1973 entschloss sich das Verkehrsministerium, diese Lücke zu schließen, doch es dauerte noch bis 1982, ehe die Arbeiten zur Verlegung des Gleises begannen. Im Juni 1984 schließlich befuhr der erste planmäßige Zug die neu eröffnete Strecke.

Als die Leistungen der Reichsbahn nach der Wende besonders im Güterverkehr stark zurückgingen, wurde die normalspurige Strecke Quedlinburg–Gernrode–Frose stillgelegt. Dadurch ergab sich für die Harzer Schmalspurbahnen GmbH die Gelegenheit, das Streckennetz bis Quedlinburg zu verlängern. Das Gleis wurde umgespurt und seit 2006 kann der Fahrgast schon in Quedlinburg in den Schmalspurzug umsteigen und zum Brocken dampfen. Damit hat das Netz der HSB heute eine Länge von 140 km. Eingesetzt werden in der Regel das Einzelstück 99 6001, eine 1'C'1-Maschine aus dem Einheitsprogramm der Firma Krupp von 1939, die B'B-Mallet-Lok 99 5906 von 1918 sowie bei Bedarf die Neubauloks der Harzquerbahn, Baureihe 99.72.

Beim Vergleich der beiden Teilbahnen der HSB kommt die Selketalbahn deutlich gemütlicher und beschaulicher daher, denn sie führt ab Alexisbad über die Unterharzer Hochebene mit durchaus weitem Blick in die Landschaft. Das Fahrgastaufkommen ist eher gering, und so kann der Freund der Dampfeisenbahn wie auch der Freund der Wanderschuhe eine entspannt-romantische Fahrt über die Harzer Höhen genießen. Menschen, die nach Verlangsamung streben, sei dieses Bähnchen wärmstens ans Herz gelegt. Die Bahn erschließt typische Harzortschaften mit noch viel ursprünglichem Flair, das Wanderwegenetz ist gut ausgebaut und mit der Kurtaxenkarte lässt sich das gesamte Busnetz kostenfrei nutzen.

Die Bilder dieses Kapitels folgen dem Verlauf der Strecke ab Gernrode, mit Abstecher nach Harzgerode, und weiter bis Hasselfelde, der Abschnitt Talmühle–Stiege wird im letzten Kapitel behandelt.

99 5906 zeigt sich hier vor dem Schuppen in Gernrode lebendiger und gepflegter denn je. Sie ist seit vielen Jahren neben dem Einzelstück 99 6001 Stammlok auf der Selketalbahn (Januar 2001).

Links oben: Auf dem Weg von Quedlinburg nach Gernrode passiert 99 6001 mit ihrem Züglein bei Quarmbeck den Königstein bei Weddersleben, einem Teil der sogenannten Teufelsmauer (28. Februar 2016).

Links unten: Von der Terrasse eines Hotels hoch über Gernrode bietet sich dieser Blick über den Ort mit der aus dem 10. Jahrhundert stammenden Stiftskirche St. Cyriakus. Sicher findet der Betrachter den Zug mit 99 7235 auf diesem „Suchbild" (20. Februar 2012).

Es folgen einige Impressionen aus der Einsatzstelle Gernrode:

Oben: Nachdem die Lok nach der Nachtruhe versorgt wurde, rangiert sich 99 6001 den ersten Dampfzug des Tages zurecht (29. April 2000).

Rechts oben: 99 5902 und 5904 warten auf weitere Aufgaben vor dem Schuppen in Gernrode. Noch erledigen die Mallet-Loks den Gesamtverkehr auf der Selketalbahn, neben der 99 6001 (September 1987).

Rechts unten: Letzte Gegenstände und Informationen werden ausgetauscht, dann kann es losgehen, ausnahmsweise Planbetrieb für das Einzelstück 99 6102 (31. März 2001).

99 5902-4
99 5904-0
99 5904-0

99 6102-0

99 6001 startet in einen frostigen Morgen, ihr Tagesprogramm dauert bis 20.00 Uhr, Personalwechsel selbstverständlich inbegriffen (28. Februar 2016).

Rechts oben: 99 5906 hat nach der Ausfahrt aus Gernrode den Ort zu umrunden, hinter der Neubausiedlung geht sie den Anstieg in die Harzberge an (29. Januar 2006).

Rechts unten: 99 5906 verlässt die Ortschaft Gernrode und strebt dem Hp Osterteich zu. Im 17. Jahrhundert ursprünglich einmal als Stauteich zum Betrieb eines Hammerwerkes angelegt, ist der Teich östlich von Gernrode heute beliebtes Ausflugsziel und Badesee (19. Oktober 2003).

99 5906-5

99 5906-5

99 7232-4

99 6001-4

An einem goldenen Oktobertag beschleunigt 99 5906 aus Mägdesprung heraus (18. Oktober 2003).

Links oben: 99 7232 hat soeben den Bahnhof Sternhaus-Ramberg erreicht und wird nach kurzem Halt nach Mägdesprung hinabrollen (2. März 2013).

Links unten: 99 6001 nimmt Anlauf für das steilste Stück der Harzer Schmalspurbahn, den Anstieg von Mägdesprung zum Ramberg (August 1988).

99 6001-4

99 5901

Im Ortsteil Stahlhammer, seinerzeit wurde hier eine Schmiede per Wasserrad betrieben, rollt 99 5906 ein kurzes Stück an der Straße entlang, bevor der Hp Drahtzug erreicht ist (März 1989).

Links oben: Im Bahnhof Mägdesprung finden oft Zugkreuzungen statt, wie hier mit zwei Dampfzügen. 99 6001 fährt weiter nach Alexisbad. Nach langem Leerstand hat das Bahnhofsgebäude inzwischen wieder einen neuen Pächter, wir wünschen gutes Gelingen (August 1988).

Links unten: Ebenfalls in Stahlhammer bespannen 99 5901 und 5903 während des Bahnhofsfestes in Gernrode einen Sonderzug nach Harzgerode. Im darauffolgenden Jahr wurde die 5903 abgestellt und dient bis heute lediglich als Ausstellungsstück (2. Januar 1999).

99 7236-5

99 5906 bringt ihren Zug wieder in Fahrt, nachdem am Hp Drahtzug einige Wanderer zugestiegen sind (29. Januar 2006).

Links oben: 99 5906 durchfährt den Hp Drahtzug. Zwischen 1787 und 1842 existierte hier eine Drahtzieherei, später wurde das Hauptgebäude als Forsthaus genutzt. Heute gibt es hier ein sehr gemütliches Café (März 1989).

Links unten: Wenige Meter weiter schlängelt sich 99 7236 an Felsen oberhalb der Selke entlang Richtung Alexisbad (Drahtzug, 29. April 2000).

Eng geht es auf der unteren Selketalbahn zu, die zwischen Gernrode und Sternhaus-Ramberg auf 7 km über 200 m Höhenunterschied zu bewältigen hat. Ab Mägdesprung geht es dann im engen Tal der Selke weiter. 99 5906 zwängt sich durch einen der typischen Felsdurchbrüche (Drahtzug, 19. Oktober 2003).

Kurz vor Alexisbad passiert 99 6001 eine urtümliche Bruchsteinbrücke (19. Januar 2003).

Nur noch eine Kurve und der Kreuzungsbahnhof Alexisbad ist erreicht (99 5902, Alexisbad, 21. September 1987).

99 5906
99 7240-7

Im menschenleeren Bahnhof Alexisbad wartet 99 7233 auf die letzte Abfahrt nach Harzgerode, dann zurück nach Gernrode und Feierabend (4. März 2000).

Links oben: Beim Wassernehmen ist meistens Zeit für ein Pläuschchen mit anderem Lokpersonal. Sollte es einmal ein paar Minuten später losgehen, als es im Fahrplan steht, bedenken Sie bitte, wir sind auf der Bimmelbahn, und nicht vergessen: Blumenpflücken während der Fahrt verboten! (99 7240 und 5906, Alexisbad, 13. Oktober 2001)

Links unten: Noch ist der Bahnhof Alexisbad frei von Werbung, ja sogar von moderneren Lampen. Auch NWE 11 (99 5901) ist im ursprünglichen Farbkleid mit einem Zug aus Altbauwagen eingetroffen, der Bahnhofschef ist herausgetreten, die Mallet schmaucht gemütlich vor sich hin – Eisenbahnidyll. Nur die Älteren unter uns werden das noch kennen (Juli 1984).

99 5904-0

99 5902 beim Wassernehmen in Alexisbad. Heute findet dieser Vorgang am Bahnsteig statt (12. Oktober 1985).

Links oben: Bereits 1978 war Gert Hufe mit Farbfilm im Harz unterwegs und konnte einige schöne Aufnahmen mit nach Hause nehmen. Hier fährt 99 5904 mit einem PmG von Gernrode nach Harzgerode in Alexisbad ein.

Links unten: Am selben Tag kehrt 99 5902 mit ihrem PmG von Straßberg nach Gernrode zurück. Zur Einsparung von Fahrten wurden im Selketal schon früh alle Züge gemischt gefahren, mal mit mehr oder weniger Gütern im Zug (Einfahrt Alexisbad, Juli 1978).

Doppelstart in Alexisbad. Siehe auch das „Inferno" auf der nächsten Seite (6. November 1994).

99 5902 und 99 6001 haben es für den Fotografen perfekt hinbekommen (Juni 1984).

Alexisbad konnte lange mit einer Besonderheit aufwarten, der gemeinsamen Ausfahrt zweier Dampfzüge nach Harzgerode und Straßberg bzw. Stiege. Hier einige Variationen:

Oben: 99 6001 nach Harzgerode und 99 7245 nach Stiege nehmen Anlauf (5. Januar 1995).

Solche Aufnahmen konnten mit Beziehungen oder auch ein wenig Kleingeld befördert werden. Zur Freude der Fotografen räuchern 99 7242 mit P 8963 nach Hasselfelde und 99 7245 mit P 8955 nach Harzgerode das Selketal für eine ganze Weile zu (6. November 1994).

Beschaulicher und weitaus umweltschonender befördert hier 99 7241 ihren kurzen Zug zwischen Alexisbad und Harzgerode (2. April 1989).

99 6102 spiegelt sich im Teich kurz vor Harzgerode, und hätte der Fotograf nicht den schmalen blauen Streifen Himmel eingebaut, man wüsste kaum, wie herum das Bild zu halten wäre (18. Oktober 2003).

Links oben: Landwirtschaftliche Idylle am Bahndamm, die ganze Familie von Jung bis Alt ist im Heueinsatz, ein Uralt-Traktor dient als Zugmaschine. 99 6001 rollt von Harzgerode kommend an der sommerlichen Szene vorbei Richtung Alexisbad (August 1988).

Links unten: Mit dem zweiten von drei täglichen Zügen nach Harzgerode hat 99 5906 soeben auf halbem Weg die Bundesstraße 242 gekreuzt (31. März 1989).

Mit dem historischen Zug am Haken dampfen die Schwestern 99 5901 und 5903 am Judenteich vorbei und haben ihr Ziel Harzgerode bald erreicht (2. Januar 1999).

Rechts oben: Vor dem Bahnhofsgebäude von Harzgerode wartet 99 5904 inkognito auf die Rückfahrt nach Alexisbad. Fahrdienstleiter und Lokpersonal lassen es ruhig angehen, denn die Fahrpläne vor der Privatisierung ließen ausreichend Zeit für den notwendigen Betriebsablauf zur Vorbereitung der Rückfahrt. Und ein Kaffee war auch noch drin (Juni 1988).

Rechts unten: Eindeutig beschildert, erwartet auch 99 6001 zu abendlicher Stunde das Signal zur Abfahrt nach Alexisbad. Ein Besuch der Bahnhofsgaststätte „Zur Harzbahn“ ist zu jeder Jahreszeit empfehlenswert (6. Oktober 2007).

99 6001-4

99 6102-0

99 6101
P
P
5

Im Februar 1999 hat 99 5906 mit ihrem Planzug Silberhütte verlassen und ist auf dem Weg nach Stiege.

Links oben: Im Bahnhof Silberhütte wird soeben der Abfahrauftrag erteilt und „Fiffi" (99 6102) wird das mit einem Pfiff quittieren. Der Ort Silberhütte war bis zur Wende Standort etlicher Industriebetriebe. Neben der umfangreichen Holzverarbeitung war es vor allem der VEB Pyrotechnik Silberhütte, der für Güter und Arbeitsplätze sorgte. Die Produktion von Schieß- und Zündpulver geht bis ins Jahr 1790 zurück (31. März 2001).

Links unten: Ihre Schwester, die „Pfiffi" (99 6101), verlässt Silberhütte mit einem Foto-Sonderzug als GmP nach Stiege und passiert gerade den Abzweig zum ehemaligen Heizkraftwerk (19. Oktober 2003).

99 5902 ist heute nur noch im Sonderzugeinsatz zu sehen. Im August 1984 hatte sie jedoch noch den harten Alltag zu bewältigen, hier zu sehen hinter Silberhütte auf dem Weg nach Stiege am Anschluss Sägewerk Rinkemühle.

Rechts oben: Vier Jahre später sind bereits die großen Neubauloks auf der Selketalbahn im Einsatz. Der inzwischen erneuerte Wagenpark mit Druckluftbremse machte ihren Einsatz erforderlich, da die Mallets nur über eine Saugluftanlage verfügten (99 7238 bei Straßberg, August 1988).

Rechts unten: Ebenfalls bei Straßberg kommt 99 7236 um die Ecke (28. Dezember 1995).

Der Heizer auf der 99 6101 legt am Ortseingang von Straßberg noch einmal eine Schippe auf und kommt damit dem Fotografen nicht nur fahrtrichtungstechnisch entgegen (GmP, 19. Oktober 2003).

Rechts oben: 99 6102 im Plandienst auf der Selketalbahn, eine Ausnahme. Hier strebt das Züglein im Juni 1986 gen Straßberg kurz vor dem Haltepunkt Glasebach. Dort sollte man aussteigen und das Bergwerksmuseum Grube Glasebach besichtigen. Anschließend kann man im nahen Gasthaus „Bergschänke" hervorragend gutbürgerlich speisen (1986).

Rechts unten: 99 6102 bei der Einfahrt in den Bahnhof Straßberg. Das idyllische Örtchen abseits der Hauptstraßen war zwischen Kriegsende und 1984 Endpunkt der Selketalbahn. Auf der ansonsten ruhigen Straße schiebt sich leider ein modernes Fahrzeug ins Bild. Aber das Abblendlicht haben wir ihm „ausgeschaltet" (18. Oktober 2003).

Mit den Füßen im Wasser, so geht es auch. Ungewohnte Perspektive auf den mit 99 5906 in den Bahnhof Straßberg einfahrenden Zug an dieser klassischen Fotostelle (Juli 1984).

99 6101 begegnet dem Fotografen hier erneut mit ihrem Foto-GmP, diesmal auf der Rückfahrt nach Gernrode in Straßberg. Hoffentlich bleibt das schöne Bahnhofsgebäude noch lange erhalten (19. Oktober 2003).

Bahnhofsidylle Straßberg: 99 7238 hat ihren Zug P 14457 von Gernrode bis Straßberg gebracht und setzt zur Rückfahrt um (August 1988).

99 5904-0

Am Bergsee vorbei nimmt 99 5906 Anlauf Richtung Friedrichshöhe (Günthersberge, Februar 1999).

Links oben: 99 5904 hat den Endbahnhof Straßberg erreicht und setzt um. Die Aufnahme vom Juli 1978 zeigt das ursprüngliche Bild des Bahnhofs, auch der Güterverkehr mit Schmalspurwagen hat noch seine Berechtigung.

Links unten: Der Bergsee in Günthersberge war zu Sommerszeiten beliebtes Ausflugsziel. Lediglich drei Zugpaare verkehrten in diesem Jahr nach Stiege, nach Hasselfelde von Gernrode aus sogar nur eins. Heute hallen die Pfiffe öfter durch das Tal, doch die Dampfpfeife wird seltener. Wie viele andere Motive im Harz ist auch dieses heute nicht mehr möglich, der Wald hat den Hang zurückerobert, auch gut (99 6001, August 1988).

Meistens geht es ohne Halt durch Albrechtshaus, dem letzten Haltepunkt vor der Stieger Hochebene. Das Albrechtshaus war lange Zeit eine Lungenheilstätte. 2013 brannte das inzwischen geschlossene und leer stehende Gebäude durch Brandstiftung vollständig aus (99 5906, Februar 1999).

Rechts oben: Blick über die Stieger Hochebene auf Wurmberg mit Sprungschanze (2014 abgerissen) und den Brocken. 99 6001 hat den Bahnhof Stiege verlassen und ist auf dem Weg zurück nach Gernrode (Stiege, 10. September 2005).

Rechts unten: Am selben Tag hat auch 99 5906 Dienst im Selketal, hier bei der Ausfahrt aus Stiege Richtung Gernrode. Ob sich die Dame auch für die Dampfeisenbahn interessiert, konnte der Autor noch in Erfahrung bringen.

Nun geht es hinab nach Stiege durch die vereisten Schneeflächen der Hochebene. Die Sonne taut die obere Schneeschicht an, die dann wieder gefriert. Darauf zu gehen ist fast unmöglich. So musste das Teleobjektiv mit voller Brennweite helfen (99 6001, 30. Januar 2010).

Rechts oben: 99 5904 startet wenige Monate vor ihrer Abstellung im Dezember nach Hasselfelde (Stiege, Mai 1988).

Rechts unten: Während des Wiederaufbaus der Strecke zwischen Straßberg und Stiege hatte lange Zeit 99 6101 Bauzugdienst. Von Wernigerode nach Nordhausen abkommandiert, kam sie zum Wochenbeginn hinauf nach Stiege und die Woche über am Abend nach Hasselfelde zur Übernachtung. Den Schotter brachte die Wernigeröder Lok 99 7236 vom nahen Schotterwerk Unterberg bei Eisfelder Talmühle herauf, hier ist der Zug gerade in Stiege angekommen (Juni 1983).

STIEGE
99 5904-0

99 6101-2
Stiege
99 7236

Mit dem P 14422 nach Hasselfelde verlässt 99 0235 den Bahnhof Stiege (13. Januar 1982).

Links oben: Kurz vor Stiege passiert 99 6001 gleich den Oberteich – wie leider oft – mit fast leerem Zug. Dieser idyllischen Bahn ist wahrlich ein höherer Bekanntheitsgrad und damit ein höheres Fahrgastaufkommen zu wünschen. Aus Kosten- und Personalgründen ist die HSB heute zunehmend gezwungen, auf Triebwagen und Dieselloks auszuweichen.

Links unten: 99 7232 hat die Stieger Wendeschleife durchfahren und steht nun wieder Richtung Gernrode bzw. Eisfelder Talmühle. Diese Kehre legte man beim Neubau der Strecke nach Straßberg an, um das zeitaufwendige Umspannen zu umgehen (29. Januar 2011).

Kurz vor dem Scheitelpunkt wird der Lokführer auf der 99 5906 den Regler schließen und rollt dann fast bis zum Bahnhof Hasselfelde hinab. Das Warten bei -5 °C und leichtem Wind hat sich gelohnt, und die Finger tauen schon wieder auf (Stiege, 15. Januar 2012).

Links oben: Der Dampfzug von Hasselfelde hat die Stieger Anhöhe hinter sich und rollt nun über die glitzernde Hochfläche wieder hinab (30. Januar 2010).

Links unten: In Gegenrichtung stampft 99 7235 die Anhöhe hinauf (5. Februar 2012).

Kurz nach 16.00 Uhr startet der Dampfzug in Hasselfelde zur Rückfahrt nach Gernrode. Die ideale Zeit im Winter, um auf der Stieger Anhöhe reizvolle Motive einzufangen (99 5906, 15. Januar 2012).

Rechts oben: Im Sommer 1988 hatten die Züge nach Hasselfelde noch eine ansehnliche Länge. Hier ist es der P 14415 mit 99 7235 nach Nordhausen, der die Stieger Höhe angeht.

Rechts unten: Eine genaue Abstimmung von Jahreszeit, Tageszeit und Fahrplan ist notwendig, damit die Sonne da ist, wo sie sein soll. Wenn sie denn da ist … (99 6001, Hasselfelde, 16. März 2003)

Esse voran aus Hasselfelde heraus, das war dem Autor bisher nicht vergönnt (99 5906, 13. Oktober 2001).

Vor der Kulisse von Brocken (rechts) und Wurmberg (links) lässt 99 6001 Hasselfelde auf dem Weg nach Stiege hinter und unter sich (30. Januar 2010).

4

Der Güterzug

Anders als die Harzquer- und Brockenbahn lebte die Selketalbahn immer schon vom Güterverkehr, etwa vom Abtransport des Flussspats aus Lindenberg (Straßberg) und natürlich vom Transport von Holz. Der Personenverkehr jedoch war das Sorgenkind, sodass man zunächst zum gemischten Betrieb überging, also Güter- und Personenwagen im selben Zug beförderte. Nachdem erste Stilllegungspläne wieder aufgegeben worden waren und in Silberhütte ein Heizkraftwerk für die dort ansässige Pyrotechnik entstehen sollte, entschloss man sich, die Lücke zwischen Straßberg und Stiege wieder zu schließen. Aus Richtung Nordhausen sollte die Kohle über Eisfelder Talmühle und Stiege nach Silberhütte gelangen. Dazu hatte das Bw Nordhausen-Nord die Züge zu bespannen, der wohl bekannteste Güterzug Ende der 80er-Jahre war der N 67092. Er wurde meistens mit Vorspann gefahren und hatte mit dieser ansehnlichen Last in der Steigung von Talmühle nach Stiege ordentlich zu tun, immerhin eines der beiden steilsten Stücke der Harzer Schmalspurbahn. Damit wurde er bald zum beliebten Fotoobjekt, denn im Oktober 1988 endete der regelspurige Dampfbetrieb bei der DR und man wandte sich nun verstärkt den verbliebenen Schmalspurbahnen zu, die bisher fotografisch eher ein Dasein am Rande geführt hatten. So kam dieser spektakuläre Güterzug gerade recht, versprach er doch ein optisches und vor allem akustisches Erlebnis, insbesondere auf dem anstrengenden Abschnitt vor dem Haltepunkt Birkenmoor. In der Regel wurde der Zug in Stiege geteilt, eine Hälfte fuhr weiter nach Hasselfelde, die andere nach Durchfahren der Wendeschleife zur Bedienung des Heizwerkes nach Silberhütte. Nach gut drei Stunden Fahrtdauer konnte die Braunkohlenfracht schließlich in den Kraftwerksanschluss geschoben werden. Anschließend wurde oft das Sägewerk Rinkemühle bedient. Der Verkehr wurde mit Rollwagen abgewickelt, und da durch die normalspurigen Güterwagen ein größeres Lichtraumprofil nötig war, fiel die Entscheidung des Anfahrweges auf Nordhausen, von Gernrode aus hätte man einige Stellen der Trasse aufwendig erweitern müssen. Auch im Stadtgebiet Wernigerode wurden drei verbliebene Werksanschlüsse mit Dampflok bedient, eine Papierfabrik und im Ortsteil Hasserode ein Sägewerk sowie die Schokoladenfabrik Argenta. Dieser Verkehr wurde noch mit Rollböcken durchgeführt. Im Gegensatz zum Rollwagenbetrieb war diese Beförderungsart normalspuriger Güterwagen etwas aufwendiger, da für jede Achse ein Rollbock erforderlich war.

1991 war der planmäßige Güterverkehr beendet, die Straße hatte wieder einmal gesiegt. Dieses nur einige Jahre auf der Selketalbahn dauernde Kapitel der Harzer Schmalspurgeschichte lassen wir hier mit einigen charakteristischen Aufnahmen Revue passieren.

Dem Bw Nordhausen-Nord oblag der Güterverkehr nach Hasselfelde und Stiege. 99 7234 quert die Freiherr-vom-Stein-Straße mit einem Güterzug nach Hasselfelde (August 1983).

Bei Nordhausen-Altentor bietet erneut das markante Tabakgebäude die Kulisse für den N 67074 nach Hasselfelde mit 99 7231 (Mai 1988).

Zwei atmosphärisch dichte Aufnahmen vom 14. Februar 1982 (oben) und 13. Februar 1982 mit 99 0244 und Güterzug bei Ilfeld.

Bei Nordhausen-Krimderode haben die beiden Loks am N 67092 noch nicht viel zu tun, bis in die Berge ist es noch ein Stück (99 7231 und 7233, 2. April 1989).

Rechts oben: Zwischen Niedersachswerfen und Ilfeld qualmen 99 7234 und 7237 den blauen Himmel zu. Planmäßig wurde dieser Zug mit maximal sieben Wagen gefahren (Ilfeld, Juli 1989).

Rechts unten: Am Ortsrand von Ilfeld kurz vor der Papierfabrik bleibt wenig Platz für den Zug zwischen dem Flüsschen Bere und den letzten Häusern (99 7234 und 7237, 20. Juli 1989).

99 7237-3

Wieder gut ausgelastet ist der N 67092, hier mit 99 7234 und 7237 bei der Überquerung der Berebrücke hinter Ilfeld (19. Juli 1989).

Links: Zweimal Kohle und einmal Holz, mit dieser Fuhre kommt 99 7232 am Ortsausgang Ilfeld heran und hat damit für die bevorstehende Bergfahrt durchaus einiges hinter sich (August 1987).

Am Hp Netzkater legt sich der Kohlezug nach Silberhütte in die Kurve (Juli 1989).

Rechts oben: Kurz vor Eisfelder Talmühle sind die beiden Loks noch nicht allzu sehr gefordert (99 7234 und 7237, Juli 1989).

Rechts unten: Im Bahnhof Eisfelder Talmühle ist die erste Etappe geschafft, hier heißt es verschnaufen vor dem Anstieg, Wasser nehmen und Triebwerk nachschauen (99 7234 und 7237, Juli 1989).

99 7237-3

99 7237-3

99 7234 und 7237 kämpfen mit dem Berg. Hier vor dem Hp Birkenmoor haben die Loks eines der steilsten Streckenstücke im Harzer Schmalspurnetz zu überwinden. Diese Perspektive macht die Neigung besonders deutlich (19. Juli 1989).

Rechts oben: Der Scheitelpunkt ist durchfahren, nun geht es hinab in den Bahnhof Stiege. Dort wird der Zug meistens geteilt, eine Hälfte geht nach Hasselfelde, die andere nach Silberhütte (21. Juli 1989).

Rechts unten: Etwa auf halbem Wege zwischen Stiege und Hasselfelde begegnet der Güterzug dem Fotografen auf seiner Talfahrt, das Rindvieh bleibt gelassen (Mai 1988).

Kurz vor dem Hp Birkenmoor und dem höchsten Punkt dieses Streckenabschnittes haben 99 7231 und 7233 das meiste hinter sich. Dem Zug auf diesem Stück zu lauschen, wie er sich langsam durch das Tal heraufarbeitet, bei schwierigen Wetterbedingungen durchaus mit erheblichen „Schleuderphasen", war immer wieder ein höchst sinnliches Erlebnis (2. April 1989).

Rechts oben: Bahnhof Stiege: 99 7234 hat die Wendeschleife durchfahren und begibt sich auf das Streckengleis nach Silberhütte (September 1988).

Rechts unten: Mit dem kompletten Zug ist 99 7231 nach Silberhütte unterwegs und hat soeben Stiege verlassen. Transportiert wurde meistens Holz für das Sägewerk Rinkemühle, aus dem u. a. Fischkisten für Norddeutschland entstanden (Januar 1987).

Stiege

Diesmal schaffen 99 7231 und 7233 mit vereinten Kräften den kompletten Zug aus Nordhausen nach Silberhütte, hier kurz hinter Stiege (2. April 1989).

Rechts oben: Wenig Last hat dagegen 99 7244 nordwärts hinter Niedersachswerfen (August 1988).

Rechts unten: In Erinnerung an den Rollwagenverkehr auf der Harzquerbahn ließ der bekannte Veranstalter von Eisenbahntouren Bernd Seiler am 1. April 2009 einen Fotogüterzug fahren. Im Drängetal passiert 99 7239 einen Hang, der noch deutlich vom Orkan Kyrill gezeichnet ist.

99 7244-9

Hochbetrieb in Hasselfelde: Gleich zwei Loks, 99 7234 und 7237, sind mit dem Verschub von Güterwagen beschäftigt. Auch ein Sägewerk war noch bis zur Wende zu bedienen. Das Anschlussgleis war quasi eine Verlängerung des Streckengleises (Juli 1989).

Rechts oben: Am Ufer der Bere bei Eisfelder Talmühle entlang stampft 99 7233 bergwärts (März 1988).

Rechts unten: Noch gibt es Güterverkehr auf der Harzquerbahn, doch das Ende ist nahe. 99 7246 verlässt den Ort Sorge und wird ihre Fracht nach Benneckenstein bringen (3. Februar 1990).

99 7233-2

99 7246-4

1:400

Ein interessantes Kapitel Gütergeschichte war die Bedienung von Anschlüssen im Wernigeröder Stadtgebiet. Zuständig waren hier in der Regel die beiden C-Kuppler 99 6101 und 6102. An einem herrlichen Maitag wartet 99 6101 am Hausbahnsteig von Hasserode. Die Bahnsteige der Harzbahn befinden sich etliche Meter weiter rechts. Der Grund dafür liegt lange zurück. Durch den Bau neuer Gleisanschlüsse wurde damals die Verlegung des Streckengleises notwendig (25. Mai 1986).

Links oben: In der Umladeanlage von Wernigerode ist 99 6101 mit der Zusammenstellung ihrer Fuhre beschäftigt (25. Mai 1986).

Links unten: 99 6101 begibt sich mit dem Kupplungswagen, erforderlich durch den Rollbockbetrieb, in den Anschluss der Schokoladenfabrik Argenta und holt wertvolle Fracht ab (Hasserode, 25. Mai 1986).

99 6101-7

Die steilen Rauchwolken und der den unter Hochdruck stehenden Zylindern entweichende Abdampf zeugen von einer letzten Anstrengung kurz vor dem Scheitelpunkt der Steigungsfahrt von Eisfelder Talmühle herauf. Kurz hinter dem Hp Birkenmoor geht es dann hinab zum Bahnhof Stiege (31. März 1989).

Links oben: Anschluss Sägewerk Niewerth in Hasserode (25. Mai 1986).

Links unten: Bereit zur Rückfahrt nach Wernigerode (Hasserode, 25. Mai 1986).

204 n. p

204n Gernrode (Harz) – Alexisbad – Harzgerode / Straßberg (Harz) und zurück

(Schmalspurbahn)
Alle Züge 2. Klasse

km	Rbd Magdeburg	Zug Nr		⚒2022	9456			†2024	⚒9475		9464	⚒9466	⚒9476	†2026		9470		
0.0	**Gernrode** (H) 204 m	ab	...	...	8.11	...	...	†10.23	...	...	14.24	⚒16.03	...	†17.08	...	18.25		...
5.7	Sternhaus-Haferfeld x		...	...	8.30	...	...	⟩10.52	...	...	14.43	⟩16.22	...	⟩17.27	...	18.44		...
7.0	Sternhaus-Ramberg		...	...	8.37	...	...	⟩10.59	...	...	14.50	⟩16.29	...	⟩17.34	...	†18.51	⚒19.00	...
10.2	Mägdesprung		...	...	8.50	...	...	⟩11.11	...	...	15.03	⟩16.42	...	⟩17.47	...	⟩19.03	⟩19.13	...
11.7	Drahtzug x		...	...	8.55	...	...	⟩11.16	...	...	15.08	⟩16.47	...	⟩17.52	...	⟩19.08	⟩19.18	...
14.6	**Alexisbad** ✕	an	...	...	9.04	...	...	⟩11.25	...	...	15.17	⚒16.56	...	†18.01	...	⟩19.17	⟩19.27	...
0.0	**Alexisbad** ✕	ab	...	⚒7.20	9.13	...	...	⟩11.40	⚒12.05	...	15.27	⟩	⚒17.35	⟩	...	⟩19.25	⟩19.35	...
2.9	**Harzgerode**	an	...	⚒7.31	9.24	...	...	†11.51	⚒12.16	...	15.38	⟩	⚒17.46	⟩	...	†19.36	⚒19.46	...
		Zug Nr	⚒2020		†9461		⚒ ⓢ9474			⚒9459	⚒2028							
14.6	**Alexisbad** ✕	ab	⚒6.07	...	†9.53	...	⚒10.20	...	...	⚒14.01	⚒16.20	⚒17.27	...	†18.07	...	...	...	...
17.8	Silberhütte (Anh)		⟩6.23	...	⟩10.09	...	⟩10.40	...	...	⟩14.23	⟩16.36	⟩17.48	...	⟩18.23	...	...	...	...
21.9	**Straßberg** (Harz)	an	⚒6.36	...	†10.22	...	⚒11.03	...	...	⚒14.46	⚒16.49	⚒18.01	...	†18.36	...	...	...	...

km	Rbd Magdeburg	Zug Nr	⚒2019			⚒2021	†9453	⚒9475				⚒9465		⚒2029	⚒9471	†2025		
0.0	**Straßberg** (Harz)	ab	⚒5.26	...	...	⚒6.43	†11.07	⚒11.13	...	...	...	⚒15.34	...	⚒16.56	⚒18.50	†18.45	...	...
4.1	Silberhütte (Anh)		⟨5.40	...	...	⟩6.57	⟩11.21	⟩11.37	...	...	...	⟩15.48	...	⟩17.10	⟩19.14	⟩19.00	...	...
7.3	**Alexisbad** ✕	an	⚒5.55	...	...	⚒7.12	†11.36	⚒11.52	...	...	...	⚒16.03	...	⚒17.25	⚒19.29	†19.15	...	...
		Zug Nr	⚒9455		†9461	⚒9474			9463	⚒9459	†9467	⚒9467		⚒9469			†2027	
0.0	**Harzgerode**	ab	⚒5.53	...	†9.32	⚒9.50	...	...	12.26	⚒13.40	†15.46	⚒16.00	...	⚒18.10	...	⟩	†19.56	...
2.9	**Alexisbad** ✕	an	⟩6.04	...	†9.43	⚒10.01	...	...	12.37	⚒13.51	⟩15.57	⟩16.11	...	⟩18.21	...	⟩	⟩20.07	...
7.3	**Alexisbad** ✕	ab	⟩6.06	...	...	...	†11.47	...	12.51	...	⟩16.00	⟩16.21	...	⟩18.25	...	†19.25	⟩20.10	...
10.1	Drahtzug x		⟩6.15	...	...	...	⟩11.56	...	13.00	...	⟩16.09	⟩16.30	...	⟩18.34	...	⟩19.34	⟩20.19	...
11.6	Mägdesprung		⟩6.24	...	...	...	⟩12.04	...	13.07	...	⟩16.17	⟩16.45	...	⟩18.44	...	⟩19.45	⟩20.29	...
14.9	Sternhaus-Ramberg		⟩6.37	...	...	...	⟩12.17	...	13.20	...	⟩16.30	⟩16.58	...	⟩18.57	...	⟩19.58	⟩20.42	...
16.1	Sternhaus-Haferfeld x		⟩6.41	...	...	...	⟩12.21	...	13.24	...	⟩16.34	⟩17.02	...	⟩19.01	...	⟩20.02	⟩20.46	...
21.9	**Gernrode** (H) 204 m	an	⚒7.00	...	...	...	†12.40	...	13.43	...	†16.53	⚒17.21	...	⚒19.20	...	†20.21	†21.05	...

ⓢ kann ab Silberhütte bis zu 5 Min früher verkehren

674 Gernrode (Harz) – Alexisbad – Harzgerode / Straßberg (Harz) und zurück

Alle Züge 2. Klasse
(Schmalspurbahn)

km	Rbd Magdeburg	Zug Nr	69710	69712	69724	14452	69714	14454	69725	14456	69716	69727	69726	69728	6972
0.0	**Gernrode** (Harz) 673	ab	6.13	7.40	...	10.04	10.42	..	..	13.30	14.22	...	...	...	...
5.7	Sternhaus-Haferfeld x		6.31	7.58	...	10.22	11.00	..	..	13.48	14.40	...	...	...	...
7.0	Sternhaus-Ramberg *(413 m)* (u)		6.35	8.02	...	10.27	11.04	...	...	13.53	14.44	...	...	...	...
10.2	Mägdesprung *(295 m)* (u)		6.53	8.14	...	10.38	11.14	...	...	14.05	14.56	...	...	...	...
11.7	Drahtzug x (u)		6.59	8.20	...	10.44	11.20	...	④	14.12	15.02	④	...	...	④
14.6	**Alexisbad** *(325 m)*	an	7.07	8.29	...	10.54	11.29	...	13.13	14.21	15.12	16.00	...	...	◪17.2
14.6	**Alexisbad**	ab	⟩	8.30	⟩	11.01	⟩	11.46	13.23	⟩	15.13	■16.16	...	①	◪17.3
17.5	**Harzgerode** *(400 m)*	an	⟩	8.45	⟩	11.16	⟩	12.00	13.38	⟩	15.29	■16.31	...	■17.02	◪17.4
14.6	**Alexisbad**	ab	7.18	...	10.14	...	11.44	...	...	14.42	...	...	◪16.17	■17.15	...
17.8	Silberhütte (Anh) (u) *(336 m)*		7.28	...	10.24	...	11.54	...	...	14.52	...	...	⟩16.27	⟨17.25	...
21.9	**Straßberg** (Harz) *(363 m)*	an	7.41	...	10 38	...	12.08	...	...	15.08	...	...	◪16.43	■17.41	...

km	Rbd Magdeburg	Zug Nr	14451	69722	14455	14453	14457	69725	69713	69717	69727	69728	69731	69729	14459	
0.0	**Straßberg** (Harz)	ab	7.52	...	...	11.01	...	12.38	...	...	15.25	...	■17.55	◪16.54	...	...
4.1	Silberhütte (Anh) (u)		8.14	...	...	11.26	...	13.03	...	...	15.50	...	⟩18.20	⟨17.10	...	...
7.3	**Alexisbad**	an	8.24	...	...	11.36	...	13.13	...	...	16.00	...	■18.30	◪17.20	...	...
0.0	**Harzgerode**	ab	⟩	9.10	11.25		12.10	③	13.54	15.49	③	■16.47	...	...	◪18.10	...
2.0	**Alexisbad**	an	⟩	9.25	11.40		12.25	...	14.09	16.04	...	■17.02	...	...	◪18.20	...
7.3	**Alexisbad**	ab	8.42	...	...	11.45	12.30	...	14.37	16.11	...	■17.15	...	...	18.40	...
10.1	Drahtzug x		8.51	...	...	11.54	12.39	...	14.52	16.20	...	②	...	...	18.49	...
11.6	Mägdesprung (u)		8.57	...	...	12.01	12.46	...	14.58	16.27	...	...	...	...	18.56	...
14.9	Sternhaus-Ramberg (u)		9.08	...	...	12.14	12.58	...	15.10	16.39	...	...	...	...	19.08	...
16.1	Sternhaus-Haferfeld x (u)		9.12	...	...	12.19	13.04	...	15.14	16.44	...	...	...	...	19.13	...
21.9	**Gernrode** (Harz) 673	an	9.30	...	...	12.36	13.21	...	15.31	17.02	...	...	...	...	19.31	...

① von Harzgerode ② nach Straßberg (Harz) ③ nach Harzgerode ④ von Straßberg (Harz)